AF611509

EXTRAIT

de la Biographie des Hommes du Jour.

BIOGRAPHIE

DE

NAPOLÉON-LOUIS

BONAPARTE,

PAR MM. GERMAIN SARRUT ET SAINT-EDME.

A PARIS,

DE L'IMPRIMERIE DE POUSSIELGUE,

Rue du Croissant, 12.

1836.

BIOGRAPHIE

DE

NAPOLÉON-LOUIS

BONAPARTE.

« Les destins et les flots sont changeans, » a dit notre Béranger dans une de ses poétiques chansons qu'il consacrait à la gloire de l'empire, et où il semblait prophétiser le retour en France de la dynastie napoléonienne, prophétie qui ne s'est pas même accomplie à la résurrection du drapeau tricolore. L'exil est resté le même pour la famille de Napoléon. La victoire populaire de juillet, confisquée au profit d'un système qui paraît la répudier, interrompue dans son essor de liberté et d'honneur national, n'a pu faire droit aux souvenirs de reconnaissance du peuple français, et elle a laissé gémir de nouveau sur la terre étrangère le sang du grand homme que les ennemis de la France poursuivent toujours de leurs vengeances, tant ils ont encore peur de son nom! Le fils et la mère de l'empereur sont morts comme lui loin de la patrie; la mère avec la grandeur stoïque d'une Cornélie romaine, le fils dans la douloureuse fatalité qui pesait sur sa triste et belle jeunesse. Il n'a été l'héritier que du cancer de Napoléon. Un autre jeune homme de la plus belle espérance, du sang du prince Eugène et de l'empereur, fils de cette reine Hortense dont le souvenir est encore si vivant et si vénéré, malgré ses vingt ans de proscription, jeune patriote au cœur ardent, capable des plus hautes résolutions, d'une tête forte, d'un esprit fécond, d'un courage chevaleresque, il est tombé sous la même fatalité qui décima la grande famille de Napoléon, plein de vie, de puissance et d'avenir, en combattant pour la liberté de l'Italie. Il rendit les derniers soupirs dans les bras d'un frère qu'il aimait et dont il était aimé avec un égal sentiment d'exaltation. Leur estime réciproque était des plus profondes et des plus touchantes. Leur piété fraternelle était un attachement modèle. Ils avaient tant de points de ressemblance du côté de l'ame, par les qualités du cœur et dans leur amour pour la liberté! C'est de ce jeune frère, dont la réputation militaire a déjà eu quelque retentissement, que nous allons esquisser la carrière déjà si pleine et si honorablement occupée.

Le prince *Napoléon-Louis* BONAPARTE (1) est né le 20 avril 1808. Sa naissance fut des plus éclatantes. Des salves d'artillerie l'annoncèrent dans la vaste étendue de l'empire depuis Hambourg jusqu'à Rome, des Pyrénées au Danube. La France était alors à l'apogée de ses grandeurs et de ses prospérités. Le génie de Napoléon réorganisait l'Europe,

---

(1) Depuis la mort de son frère, le prince Charles-Louis-Napoléon Bonaparte signe son nom ainsi « Napoléon-Louis Bonaparte. » En effet l'empereur avait décidé que l'aîné de la famille s'appellerait toujours Napoléon, et le prince étant d'après les lois du sénatus-consulte de 1804 l'aîné des fils de la famille impériale, il a, d'après le désir de son père et de sa grand'-mère, changé sa signature.

et la suprématie de la révolution française dominait toutes les puissances. Pour donner à sa force continentale l'idée de la durée et de la fixité, l'empereur saluait avec bonheur la venue des héritiers mâles de sa fortune politique. A cette époque glorieuse, le divorce avec l'impératrice Joséphine n'était nullement entrevu, pas même de Napoléon. C'était donc des continuateurs futurs de ses projets, de sa pensée, de son nom et de son pouvoir qu'il voyait dans les fils de ses frères que le plébiscite de l'an XII appelait à lui succéder. Le prince *Napoléon-Louis* était pour lui le second héritier de l'empire; aussi sa naissance fut-elle accueillie avec les plus vives démonstrations de joie par l'empereur et par le peuple français. Les plus brillans honneurs et la solennité des réjouissances publiques entourèrent son berceau.

Un registre de famille, destiné aux enfans de la dynastie impériale, fut déposé au sénat comme le grand-livre des droits de successibilité. Le nouveau prince *Louis* y fut inscrit le premier avec toute la pompe d'une consécration. Le roi de Rome y prit seul place après lui. De ces deux princes entrés dans la vie avec tant de splendeur et tant de sympathies nationales, l'un est mort en exil, on ne sait de quelle mort; l'autre est proscrit par le drapeau qui l'a vu naître. Les vicissitudes humaines ont de tristes enseignemens.

Le prince *Napoléon-Louis* fut baptisé en 1811, au palais de Fontainebleau, par le cardinal Fesch et tenu sur les fonds de baptême par l'empereur et l'impératrice Marie-Louise.

La reine Hortense donna à l'éducation de son fils une direction grave et sévère. Elle avait compris que dans le temps où nous sommes, la véritable grandeur consiste dans le vrai mérite, et que c'est par l'ame et le cœur que l'on devient aujourd'hui quelque chose. Destiné à régner, le jeune prince fut de bonne heure élevé sans mollesse, comme un enfant du peuple. Il était l'idole de prédilection de l'impératrice Joséphine, qui ne put cependant obtenir aucune modification aux principes d'éducation virile et forte que la reine Hortense avait heureusement adoptés. Le prince eut pour premier maître le célèbre helléniste M. Hase, qui lui apprit les langues anciennes.

Napoléon, absorbé par les grandes affaires de son règne, ne donnait à sa famille que les heures des repas; encore déjeunait-il seul dans son cabinet, sur un petit guéridon où personne ne prenait place que les deux fils du roi de Hollande. Il se les faisait amener souvent pour s'assurer lui-même du développement des jeunes idées des deux princes sur lesquels reposaient toutes ses espérances d'avenir napoléonien. Il les questionnait avec intérêt, s'amusait de leur petit langage, et leur faisait toujours réciter des fables qu'il choisissait lui-même, dont il leur expliquait le sens, et dont il leur demandait compte pour exercer leur jeune intelligence. Leurs progrès excitaient en lui les plus vives satisfactions.

La naissance du roi de Rome ne changea rien à la profondeur de ses affections pour ses jeunes neveux, qu'il regardait toujours comme des continuateurs de sa race et de son nom.

A son retour de l'île d'Elbe, il les revit avec d'autant plus de bonheur que l'implacable diplomatie du Nord le privait de son fils; ses neveux semblaient lui en tenir lieu. Il voulut qu'ils fussent constamment près de lui, sous ses yeux. Il les aimait de tout l'amour qu'il ne pouvait donner au roi de Rome ; il les comblait de ses caresses, et dans ses transports de tendresse il les présentait au peuple de sa fenêtre des Tuileries, comme pour les faire adopter de la nation.

Dans la touchante et noble cérémonie du Champ-de-Mai, ils étaient à ses côtés comme pour servir de gage dans la nouvelle alliance de l'empereur avec la France ; il les présenta de nouveau aux députations de l'armée et du peuple.

Le prince Napoléon-Louis avait sept ans lorsqu'il quitta la France, dont il emportait l'image dans sa jeune mémoire. Comme le roi de Rome, il ne voulait point de l'exil, il voulait à toute force rester en France. La reine Hortense eut toute peine à le consoler. Quand l'empereur vint l'embrasser à la Malmaison, pour lui faire ses adieux qui devaient être les derniers, il fallut l'arracher de ses bras ; il refusait de se séparer de lui, et il criait en pleurant qu'il voulait aller tirer le canon...

Les souvenirs que le prince emporta de cette cruelle époque sont, dit-on, restés ineffaçables. La patrie est toujours présente à sa pensée, aussi bien que la noble figure de l'empereur.

Toujours élevé par sa mère, sa nouvelle vie dans l'exil acheva de développer les dispositions précoces de son esprit et l'énergie naissante de son caractère. Il fut confirmé dans la cathédrale d'Augsbourg, première résidence de son exil, par l'évêque de cette ville, sous le patronage de son oncle le prince Eugène, avec lequel on lui remarquait une ressemblance frappante de traits et de cœur.

Sa mère n'eut rien à changer de sa méthode éclairée d'éducation mâle. Tout en fortifiant le corps par des exercices gymnastiques fréquens, on nourrissait son esprit de l'instruction la plus solide. M. Lebas, fils du conventionnel, professeur à l'athénée de Paris, et maître de conférences à l'école normale, fut chargé de la direction de ses études classiques. Le prince suivit tous les cours du gymnase d'Augsbourg, et ce fut en Allemand qu'il fit ses humanités grecques et latines. Les langues vivantes lui devinrent également familières.

La reine Hortense ayant obtenu de s'établir dans le canton suisse de Turgovie, sur les bords du lac de Constance, malgré les vives oppositions des Bourbons et de la sainte-alliance, dont les menaces ne purent effrayer ce canton, le jeune prince passait ses étés au château d'Arenenberg, charmante création de sa mère, situé sur une colline qui domine le lac. Il profitait du voisinage de Constance pour se former avec un zèle extrême aux exercices militaires avec le régiment badois qui était en garnison dans cette ville. Il suivait en même temps un cours de chimie et de physique sous les leçons de M. Gastard, Français fort distingué qui dirigeait une manufacture dans ce pays.

Plus tard le jeune prince fut admis au camp de Thoun, canton de Berne, que la Suisse dresse chaque année pour l'instruction des officiers de génie et d'artillerie, sous la direction du brave colonel Dufour, ancien colonel de génie dans la grande armée de Napoléon. Manœuvres, instructions, et courses dans les glaciers, le prince prit part à tout, le sac sur le dos, mangeant son pain de soldat, la brouette ou le compas à la main. L'art de l'artillerie s'emparant exclusivement de ses instincts et de ses goûts, comme dans la jeunesse de l'empereur, il appliqua toutes ses études à cette science, la première dans les sciences de la guerre moderne.

Ce fut au camp de Thoun, auprès des canons de l'école qu'il apprit la révolution de juillet, avec tout l'enthousiasme d'un patriote. Ses camarades s'empressèrent de célébrer avec lui la résurrection du principe révolutionnaire et la réhabilitation du peuple français dans l'esprit de l'Europe. On célébra également son prochain retour en France sous les couleurs du drapeau si grandement illustré par Napoléon. Qui pouvait penser alors que la famille populaire de l'empereur serait de nouveau retenue dans son exil par le gouvernement né de l'insurrection nationale? que les vengeances de la sainte-alliance seraient exercées de nouveau contre le sang du grand homme par la royauté des barricades? et que les infamans traités de 1815 peseraient sur les parens de Napoléon comme sur la France?

Le jeune prince Napoléon-Louis, trompé dans ses illusions de retour sur le sol natal et dans ses rêves de gloire, tourna toutes ses espérances du côté de la Péninsule italique où la révolution de juillet avait eu son contre-coup d'émancipation populaire. L'Italie crut l'heure de son indépendance venue; elle compta sur la solidarité de principes de la part du gouvernement français. Mais hélas! un intérêt mal entendu de dynastie devait rendre ce gouvernement infidèle à la cause des peuples et de la liberté. Le prince Napoléon passait l'hiver de 1830 à Rome avec sa mère. L'ardente sympathie que les patriotes italiens éprouvaient pour le sang de Napoléon excitait en même temps les craintes du gouvernement papal. Le prince, menacé dans sa liberté, fut obligé d'échapper précipitamment aux poursuites malveillantes de la police romaine. Il rejoignit à Florence son frère, qui depuis long-temps se livrait à des travaux philosophiques.

Bientôt l'insurrection de la Romagne éclata pour secouer le joug de l'influence autrichienne en Italie. L'unité nationale était le but des insurgés. Les deux neveux de Napoléon répondirent sans hésitation à l'appel des indépendans. L'impéritie et les temporisations trop diplomatiques des chefs du gouvernement insurrectionnel paralysaient déjà l'action révolutionnaire : il faut des caractères audacieux et entreprenans aux mouvemens populaires ; la prudence, en temps de crise, est dans la promptitude des mesures. Le prince Napoléon, n'écoutant que ses instincts guerriers, arme à la hâte quelques braves déterminés, et, suivi d'un seul canon qu'il a mis en état de service, il court s'emparer hardiment de Civita-Castellane. Tant d'intrépidité effraya le ministre de la guerre qu'on venait d'improviser, et l'ordre fut donné au prince Napoléon-Louis de suspendre ses attaques. Affligé de ce malheureux contre-temps, sentant tout ce qu'on perdait par ce manque de volonté et d'audace, il se hâte de revenir à Bologne pour presser de ses paroles et de son activité les préparatifs de défense, puisqu'on commettait la faute capitale de ne pas aller en avant. Il y eut une affaire assez brillante où les deux princes payèrent bravement de leurs personnes et chargèrent avec vigueur à la tête de quelques cavaliers. Mais les forces de l'Autriche avançaient : les indépendans se replièrent sur Forli en faisant bonne contenance, aux cris de vive la liberté! vivent les Bonaparte! C'est à Forli que l'aîné des princes fut attaqué subitement d'une maladie mortelle; il expira dans quelques heures entre les bras de son frère, atterré sous cette perte si rapide. Malgré son inconsolable douleur, le prince Napoléon-Louis, en qui revivaient les vertus et la haute capacité de son généreux frère, avec un sentiment plus prononcé du génie militaire, ne céda le terrain qu'avec beaucoup d'efforts et sur les ordres répétés des chefs du gouvernement insurrectionnel. La retraite s'opéra sur Ancône. Abandonnés de la politique française, les indépendans se virent contraints de cesser une lutte inégale et désormais inutile. Il ne fut plus question pour les insurgés les plus compromis que de se soustraire aux vengeances combinées de Rome et de Vienne. On fréta des navires étrangers pour se réfugier en Grèce. Plusieurs chefs furent pris et traités impitoyablement. Le prince Napoléon-Louis, que, sur le bruit des dangers qui menaçaient sa tête, sa courageuse mère était venu rejoindre à Ancône, venait d'y tomber malade de fatigue, d'accablement et de la double désolation de l'esprit et du cœur, comme patriote et comme frère. Sur ces entrefaites l'armée autrichienne s'empara d'Ancône. Il fallut toute la présence d'esprit et toute la force d'ame de la reine Hortense pour sauver le seul fils qui lui restait : elle fit courir le bruit que le prince s'était réfugié en Grèce; et, quoique logée tout auprès du commandant des troupes autrichiennes, elle parvint, au milieu des plus cuisantes inquiétudes qu'elle comprimait, à dérober son malade à tous les yeux. A la faveur d'un déguisement et d'un passeport anglais elle lui fit traverser, non sans courir de grands risques, une grande partie de l'Italie; et, pour le ramener plus facilement dans son asile en Suisse, elle osa braver la loi de proscription qui lui interdisait la France; elle arriva d'une traite à Paris, plus malheureuse encore d'être méconnue du drapeau tricolore. Ce fut la reine elle-même qui annonça par une lettre à Louis-Philippe son arrivée à Paris avec le prince son fils, dans le moment où M. Sébastiani disait au conseil qu'elle venait de débarquer à Malte. *On était au 20 mars.* Les manifestations napoléonistes du peuple au pied de la colonne inspiraient de grandes terreurs au pouvoir : le gouvernement se hâta de faire partir de Paris un prince dont la présence devenait un embarras dangereux en face des agitations de la capitale; sa présence pouvait être connue du peuple, qui venait de prendre un très vif intérêt à son expédition d'Italie. Il logeait avec sa mère à deux pas de la colonne d'Austerlitz, rue de la Paix. Le bonheur de revoir sa patrie avait excité de tels transports dans ce brave jeune homme que sa santé déjà chancelante s'en était altérée d'une manière grave. Il était dans les accès d'une fièvre ardente et couvert de sangsues, gardé par sa triste mère entre les souvenirs de la mort d'un premier fils et les inquiétudes pour les jours de l'autre, lorsque la sommation impérieuse de s'enfuir sur-le-champ de Paris leur fut faite par le ministère alarmé. Les deux nobles proscrits prirent la route de Londres. Avant de s'éloigner le prince Napoléon avait adressé à Louis-Philippe une lettre remarquable de dignité et d'éloquence, où il réclamait noblement son titre de citoyen français dont la restauration l'avait dépouillé par la loi réactionnaire du 12 janvier 1816, et que le gouvernement du drapeau tricolore ne pouvait lui enlever sans violation de son principe et sans abus de force. Dans sa lettre le prince reconnaissait le roi comme *représentant de la grande nation* ; il sollicitait l'honneur de servir dans les rangs de l'armée française ; il se faisait gloire d'avoir embrassé en Italie la sainte cause de l'indépendance des peuples ; il demandait à mourir un jour en combattant pour la patrie.

Sa lettre n'était pas d'un prince régnant, elle ne reçut aucune réponse. Un si généreux langage faisait trop bien connaître l'énergique valeur du jeune prince dont le nom n'était déjà que trop dangereux.

Son voyage en Angleterre fut utile à son instruction : il visita avec la plus scrupuleuse attention tous les établissemens industriels et scientifiques. La haute aristocratie anglaise s'empressa de lui témoigner beaucoup de considération et de sympathie. Le jeune prince se refusa à tous les honneurs d'hospitalité qu'on voulait lui prodiguer ; il n'accepta aucune invitation par respect pour la mémoire de l'empereur, qu'il honore d'un culte constant d'exaltation religieuse.

De retour en Suisse en août 1831, il y reçut bientôt une députation secrète de Polonais, qui lui était envoyée de Varsovie pour lui proposer de se mettre à la tête de la nation en armes. Les malheurs de l'insurrection italienne l'avaient rendu défiant envers la politique du Palais-Royal. Son nom de Napoléon-Bonaparte pouvait porter ombrage et décider auprès du gouvernement français l'abandon de la Pologne, qu'un hypocrite intérêt feignait encore de vouloir soutenir : le prince se condamna avec douleur à ne pas accepter l'honorable et délicate mission qu'on lui offrait. C'était un cruel sacrifice de prudence en faveur de la révolution polonaise. Hélas! le jeune prince ne se doutait pas, dans la sincérité de sa conscience, que la Pologne était déjà vouée aux vengeances de l'autocrate russe.

La lettre des chefs polonais au prince renfermait ce passage :

« A qui la direction de notre entreprise pourrait-elle mieux être confiée qu'au neveu du plus grand capitaine de tous les siècles? Un jeune Bonaparte apparaissant sur nos plages, le drapeau tricolore à la main, produirait un effet moral dont les suites sont incalculables. Allez donc, jeune héros, espoir de notre patrie; confiez à des flots qui connaîtront votre nom la fortune de César, et ce qui vaut mieux, les destinées de la liberté. Vous aurez la reconnaissance de vos frères d'armes et l'admiration de l'univers.

« 28 août 1831.

« Le général Kniazewiez,
le comte Plater, etc. »

Malgré les motifs de haute raison politique qui avaient comprimé l'élan du jeune prince, il ne put résister aux regrets amers qu'il avait de ne pas verser son sang pour la malheureuse Pologne ; il s'était soustrait aux regards vigilans de sa mère, il l'avait quittée subitement sans lui faire ses adieux, lorsque la nouvelle de la chute de Varsovie vint remettre le désespoir au fond de son cœur, et le rendit aux vœux agités de la reine Hortense, à qui le ciel n'épargnait aucune cruelle épreuve.

La mort du fils de l'empereur fut une véritable calamité pour la France patriote et pour son infortunée famille. C'était un rude compétiteur de moins pour la royauté quasi-légitime, et surtout un instrument de terreur de moins dans les mains de l'Autriche. Cependant les inquiétudes de la sainte-alliance se tournèrent du côté de la Suisse; on ne pouvait oublier qu'inscrit le premier sur le grand-livre de la dynastie impériale et reconnu par le plébiscite de l'an XII comme un héritier direct de la fortune politique de l'empereur après le roi de Rome, le jeune prince Napoléon-Louis avait des droits à la surveillance de l'Europe absolutiste. On dit qu'immédiatement après la mort du duc de Reichstadt plusieurs agens diplomatiques furent envoyés en Turgovie pour mieux sonder les dispositions morales du prince : un premier secrétaire de l'ambassade française à Londres, homme de confiance du prince de Talleyrand, vint s'établir pendant quelque temps à quelques pas du château de la reine Hortense, dans le château-hôtellerie du Volsberg. La conduite calme et tranquille du neveu de l'empereur déjoua toutes les intrigues qui s'agitaient autour de lui. Il fit preuve de beaucoup d'esprit et de tact; et sans s'inquiéter de l'espionnage politique dont il était continuellement harcelé, il se livra avec une nouvelle ardeur à ses travaux les plus sérieux.

Sa bourse était toujours ouverte à toutes les infortunes patriotiques; tous les débris errans de la Pologne qui passaient par Constance étaient hébergés à ses frais et repartaient chargés de ses dons; toutes ses ressources y passaient. Un jour il envoya un nécessaire en vermeil au comité polonais de Berne; ce nécessaire était d'une valeur inestimable, il avait appartenu à l'empereur Napoléon. Il s'en fit une loterie qui produisit 20,000 francs. Le comité en lui témoignant sa reconnaissance lui écrivit ces mots :

« Nous serions bien heureux s'il nous était possible de suivre l'impulsion de nos cœurs et de conserver comme un souvenir sacré un objet qui jadis appartenait au grand homme dont les Polonais, qui ont eu le bonheur de combattre sous ses ordres, déplorent d'autant plus la mort qu'ils sont persuadés que, lui vivant, la Pologne n'eût point été condamnée à d'horribles supplices, et ses enfans à un long et douloureux exil.

« Cinq cents réfugiés Polonais, pénétrés de sa généreuse sollicitude, ont l'honneur de présenter les sentimens du plus profond respect à l'illustre descendant de l'empereur Napoléon.

« Le 6 août 1833. »

A cette même époque une commission fut instituée à Paris sous la présidence de M. de Lafayette, pour la mise en loterie d'une foule d'objets précieux d'art, au profit des détenus politiques et des journaux patriotes. Le comte de Survilliers (Joseph-Bonaparte) envoya de Londres une croix d'honneur de l'empereur Napoléon, qui fut déposée entre les mains de M. Belmontet. Le prince Napoléon-Louis fit l'offrande d'un magnifique sabre damassé, sur la lame duquel étaient gravés unis ensemble les emblèmes du consulat et de l'empire.

Les études philosophiques et les travaux d'économie politique du prince Napoléon-Louis, poursuivis avec un zèle infatigable, portèrent bientôt leur fruit. Le prince publia une brochure fort remarquable, intitulée *Considérations politiques et militaires sur la Suisse.* Cette brochure annonça un beau talent de penseur et d'écrivain ; elle fit une grande sensation dans le monde diplomatique et dans l'esprit des gens de guerre. D'une part, toutes les constitutions des différens cantons y étaient examinées, décrites et analysées avec une sagacité bien étonnante dans un si jeune publiciste. On y reconnut le coup d'œil et la raison éclairée d'un homme d'état déjà mûr ; les hautes vues y abondaient. L'Helvétie en fut vivement frappée, elle y applaudit avec chaleur, car elle entrevit dans cette brochure les élémens d'une meilleure organisation républicaine dans l'avenir. D'une autre part, la question militaire y était traitée d'une manière large et savante. Le prince y établissait un système de ligne de défense, qui, franchement adopté par la diète helvétique rendrait la république presque inabordable aux hostilités des puissances absolutistes. Cette partie de la brochure a des traits qui rappellent le fameux chapitre de Bonaparte sur le système défensif de l'Italie. La parenté est dans l'âme comme dans le sang.

Le gouvernement helvétique, pour donner plus de prix et plus d'éclat à cette hospitalité que le prince payait si bien en talent et en œuvres d'utilité publique, lui décerna par acclamation et à l'unanimité le titre *honorifique* de citoyen de la république Suisse. *Cette qualité n'entraîne pas la naturalisation.* Cette marque d'honneur avait été déjà déférée à deux grands personnages politiques : une fois au maréchal Ney, lors de l'acte de médiation ; une autre fois au prince de Metternich, sous l'influence des événemens de 1815, par l'aristocratie de Berne.

Devenant plus populaire et plus aimé de jour en jour, le prince Napoléon-Louis ne tarda pas à recevoir du gouvernement de la Suisse un témoignage plus distingué de son estime et de sa confiance ; dans le mois de juin de 1834 il fut nommé capitaine d'artillerie au régiment de Berne. Son nouveau grade donna lieu à de vives démonstrations de fraternité de la part de ses camarades. Ainsi le prince, ne pouvant servir la liberté sous le drapeau de sa patrie, selon les vœux de son ame ardente, obtenait une noble réparation d'une république reconnaissante, qui le consolait des injustices du sort. Il entrait dans la carrière militaire comme l'empereur, son oncle ; il commençait comme lui dans l'arme de l'artillerie, avec le titre de capitaine, et dans une république. Un tel rapprochement de circonstances doit le rendre fier et l'élever à ses propres yeux.

Plutarque dit que rien n'est à dédaigner dans les détails biographiques des hommes publics. Leur nature se révèle partout. On est soi jusque dans les choses les moins importantes. Le prince Napoléon-Louis ne dédaigne aucun genre de distinction. Chaque année le canton de Berne convoque à des joûtes solennelles d'adresse, comme dans les vieux temps, les plus habiles tireurs de toute la Suisse. Le tir fédéral est une fête nationale qui rassemble des milliers de combattans, et qui excite l'intérêt le plus vif dans tous les cantons. Le prince *Napoléon-Louis* est invité tous les ans à ces réunions, qui sont les jeux olympiques de l'Helvétie. Sa présence y est constamment remarquée avec un vrai plaisir ; il accepte toujours le combat, et souvent il a remporté, aux grands vivats de l'assemblée, des drapeaux et des couronnes qui sont le prix de l'habileté victorieuse. Il n'est pas d'exercice gymnastique où il ne puisse se distinguer. Il excelle à monter à cheval; il traverse souvent à la nage le grand lac de Constance; on le dit d'une grande force dans le maniement des armes et dans les combats de lance à la manière polonaise. C'est le résultat de son éducation toute lacédémonienne.

Lorsque le triomphe de la cause constitutionnelle en Portugal eut remis sur son trône la jeune reine dona Maria, et qu'il fut question de lui donner un époux digne de diriger les destinées d'une nation devenue libre, des Portugais de haute distinction jetèrent les yeux sur le prince Napoléon-Louis, dont le caractère loyal et l'énergie leur présentaient les garanties les plus sûres pour l'indépendance et la liberté de leur patrie. Mais le neveu de Napoléon, loin de céder aux séductions d'une position aussi brillante, mit fin aux négociations entamées à ce sujet, et il basa le désintéressement d'un tel refus de couronne sur deux raisons pleines de noblesse d'ame et de dignité patriotique: l'une c'est qu'il ne voulait accepter aucune élévation qui séparait son sort et ses intérêts des intérêts et du sort de la France; l'autre c'est qu'il était décidé à éviter toute concurrence avec son cousin, le prince de Leuchtemberg, fils du prince Eugène. Après la mort du jeune duc, enseveli si vite dans sa royauté, mêmes propositions et mêmes instances de la part du Portugal; même refus de la part du prince Napoléon-Louis. Les journaux publièrent à ce sujet une lettre de lui, en décembre 1835, qui respirait les plus purs sentimens d'honneur national et d'amour de la France. L'élévation de la pensée le disputait à la noblesse des expressions.

Vers la fin de cette même année de 1835, après trois ans de laborieuses recherches, de graves méditations sur l'art de l'artillerie et des études approfondies, après un long travail d'expériences pratiques, le prince Napoléon-Louis s'est placé au premier rang des écrivains et des tacticiens militaires par la publication d'un ouvrage des plus substantiels, sous le titre modeste de *Manuel d'artillerie pour la Suisse*. C'est un cours à l'usage de toutes les nations modernes; mais on voit que pour le jeune auteur c'est toujours la France qui est à l'horizon de sa pensée. Il y explique de la manière la plus lumineuse le génie de Napoléon dans ses grandes manœuvres de ses grands jours de victoire. C'est par la science des projectiles que l'empereur a décidé si souvent du destin de l'Europe. Son neveu trace rapidement, à grands traits le précis historique de cet art depuis son invention. Il a puisé aux sources les plus précieuses, pour composer de ces élémens divers un tout homogène et complet. Il a consulté une foule d'ouvrages allemands, italiens et français, dans les langues originales. Les autorités les plus compétentes pour juger du mérite de cet ouvrage en font le plus grand éloge. Le *Spectateur militaire* (1), la presse nationale de France, les journaux suisses et anglais en ont parlé comme d'une œuvre capitale, comme du meilleur traité d'artillerie qui existe en Europe. Il a fallu la réunion d'une infinité de connaissances exactes et la capacité d'une haute intelligence pour une si remarquable production. Le neveu de Napoléon a dignement soutenu l'honneur de ce beau nom. Comment se fait-il qu'après tant de travaux utiles qui honorent sa jeune vie et lui créent une réputation si honorable, le

(1) Le compte-rendu du *Manuel* est attribué au général Pelet.

prince voie toujours les portes de la France se fermer devant ses plus belles années, qu'il voudrait consacrer au service de sa patrie oublieuse ? Pourquoi toujours cette injustice si profondément immorale ? Est-ce un si grand crime d'avoir tout fait pour la gloire de la France et d'être tombé d'un trône plébéien en combattant pour son indépendance? On punit les bienfaits de Napoléon dans sa famille ! Jusqu'à quand cet ostracisme de honteuse ingratitude ? Quel danger et quel mal y aurait-il donc à ce que le sang de Napoléon rendît encore des services à la France, et remplît ses devoirs de citoyen ? Mais non, la sainte-alliance le veut; les despotes du nord, ennemis avant tout de notre gloire nationale, en ont fait une loi: il faut que les membres de la famille impériale expient dans un exil interminable le grand attentat de l'élévation du grand homme sur un trône donné par le peuple. Voilà le crime originel qui fait des Bonaparte les parias de l'Europe absolutiste. Ils sont coupables aux yeux des rois d'avoir été les élus d'une nation libre. Mais le peuple, qui se souvient éternellement de son empereur, doit se souvenir de sa famille proscrite. La *repré-*

sentation du pays *représentera* un jour, nous l'espérons, ses sentimens de reconnaissance, et le jeune prince Napoléon-Louis verra sans doute s'ouvrir devant lui les rangs de l'armée française, pour prendre sa place de soldat-citoyen !

FIN.

www.ingramcontent.com/pod-product-compliance
Ingram Content Group UK Ltd.
Pitfield, Milton Keynes, MK11 3LW, UK
UKHW020402250726
13967UKWH00005B/2423

9 782013 497916